L'INTÉRIEUR

D'UN

MÉNAGE RÉPUBILCAIN;

OPÉRA-COMIQUE

EN UN ACTE ET EN VAUDEVILLES,

Par le citoyen CHASTENET, *du département de l'Aisne; représentée pour la premiere fois, sur le Théâtre de l'Opéra-comique National de la rue Favart, le 15 Nivose, an 2me de la République,*

Prix 1 liv. 5 sols.

À PARIS;

Chez DUFAY, Libraire, au Magasin de Pièces de Théâtre, Passage du Saumon, N°. 114.

Chez LEPETIT, libraire, quai des Augustins, N°. 32.

An 2d. de la république.

PERSONNAGES.

La Cit. MIRVILLE.   La Cit. CRÉTU.
Mme. ROSE.   La Cit. GONTIER.
PAUL.   La Cit. CARLINE.
AMÉLIE.   La cit. PHILIPPE.
MIRVILLE.   Le cit. PHILIPPE.
GERMANCE.   Le Cit. SOLIER.

Le Théâtre représente un Salon, meublé simplement, et dans lequel on remarque plusieurs tableaux ou gravures ayant rapport à la révolution.

L'INTÉRIEUR D'UN MÉNAGE RÉPUBLICAIN,
OPÉRA-COMIQUE.

SCÈNE PREMIÈRE.
AMÉLIE, PAUL.

(Ils entrent des côtés opposés.)

PAUL.

Eh ! bien, ma sœur, est-elle levée ?

AMÉLIE.

Qui donc ? c'est de ma bonne, sans doute, dont tu parles ?

PAUL.

Oui, vraiment : c'est que je ris d'avance de l'effet que va produire sur elle le changement qui s'est opéré dans notre éducation depuis son départ.

AMÉLIE.

Ce changement étoit, tu en conviendras, bien nécessaire, car avec elle je n'apprenois rien.

PAUL.

Et aujourd'hui, tu apprends tout avec facilité.

AMÉLIE.

La raison en est simple.

AIR : *N'en demandez pas davantage.*

  Avec ma bonne, tous les jours,
  Tu sais que c'étoit son usage,
  Il me falloit, sans son secours,
  Dans ses heures lire une page.
   Ce que je lisois,
   Je le répétois,
  Sans le comprendre d'avantage.

PAUL.

Il falloit lui demander de te l'expliquer.

AMÉLIE.

Ah ! bien ; oui !

Même air.

Quand pour montrer de la raison,
Et paroître à ses yeux plus sage,
J'exigeois l'explication,
De certains mots ou d'un passage ;
　　Elle me disoit :
　　C'est que ce sujet
Ne peut se comprendre à votre âge.

PAUL.

C'est ce que maman, j'en suis sûr, ne te dis jamais.

AMÉLIE.

Air : *Quand un tendron vient dans ses lieux.*

Quand par hazard avec maman,
Un mot trop fort m'applique ;
Elle, sans attendre un instant
Clairement me l'explique ;
Souvent il ne lui faut qu'un mot
Pour que je m'écrie aussitôt :
Oh, oh, oh, oh, ah, ah, ah, ah,
J'aurois dû deviner cela.

PAUL.

Les livres que nous lisons à présent, ma sœur, sont aussi bien plus clairs et bien plus amusans.

AMÉLIE.

Oui, pour nous ; mais pour ma bonne...

PAUL, (*gaiement.*)

Il faudra bien que ma bonne les approuve aussi. Je meurs d'envie de la voir : sais-tu qu'elle est bien paresseuse ?

AMÉLIE.

Cela n'est pas étonnant : elle est arrivée hier très-tard, et si fatiguée, qu'à peine nous avons eu le tems de la voir. Et puis elle a fait un bien long voyage ; en sais-tu le motif ?

PAUL.

Pas trop : j'ai seulement entendu mon papa parler d'un vœu qu'elle disoit devoir accomplir ; mais il rioit, et je n'ai pu en apprendre davantage.

AMÉLIE.

Un vœu ! qu'est-ce que cela signifie ?

PAUL.

AIR: *Non, non, Doris ne pense pas.*

    Un vœu comme un autre serment,
    A des devoirs saints nous engage;
    D'en former bien légèrement,
    Des dévots fut jadis l'usage;
    Le seul aujourd'hui sans regret
    Qu'on puisse faire pour la vie,
    C'est à chaque instant d'être prêt
    A s'immoler pour sa patrie.   *bis.*

AMELIE.

Patrie, république, tous ces mots paroissent toujours nouveaux à ma bonne.

PAUL.

Je le crois bien; elle ne s'occupe jamais que de ses prières, et toutes les histoires qu'elle nous fait, sont puisées dans la vie des saints.

AMELIE.

C'est qu'elle est dévote!

PAUL.

Dis donc bigote.

AMELIE.

Paix, je crois l'entendre. Elle n'a pas encore eu le tems de s'informer de nous. Ah! combien sa surprise va nous divertir.

SCENE II.
Mde. ROSE, AMELIE, PAUL.

PAUL, *allant au-devant de Mde. Rose.*

Bonjour, ma bonne; je suis bien charmé, je t'assure, de te voir de retour.

Mde. ROSE.

Bonjour, mes enfans, bonjour.

AMELIE.

T'es-tu bien reposée, ma bonne?

Mde. ROSE.

A merveille, mlle. Amélie, à merveille.

PAUL.

Il ne paroît pas du tout que tu aies été fatiguée ; l'air du pays d'où tu viens, t'a sûrement été bien salutaire.

Mde. ROSE.

Très-salutaire ; oui, oui, très-salutaire...

PAUL.

Toujours fraîche comme à ton ordinaire.

Mde. ROSE.

Et vous toujours espiègle, M. Paul, je le vois bien.

PAUL.

Moi, au contraire, je ne le suis plus du tout, en vérité.

AMELIE.

Ah ! c'est vrai, ma bonne ; vos, nous sommes bien changés.

PAUL.

Je te dis que tu ne nous reconnoîtras plus.

Mlle. ROSE.

Mais c'est charmant cela.

PAUL.

Premièrement, ma bonne, ma sœur aime la lecture à la folie.

Mde. ROSE.

Quoi ! tout de bon ; mais vous me ravissez de m'apprendre cela.

AMELIE.

Et mon frere sait presque par cœur toute l'histoire Romaine.

Mde. ROSE.

Ah, bien ! nous verrons tout cela, nous verrons tout cela... demain s'entend ; car pour aujourd'hui, il faut penser à autre chose.

AMELIE.

A quoi donc, ma bonne ?

Mde. ROSE.

Comment à quoi ? Pouvez-vous le demander... Et la grande messe donc !

AMELIE.

Bah ! il n'y en a pas aujourd'hui.

Mde. ROSE.

Il n'y en a pas aujourd'hui!... le jour de la Toussaint!
Une des plus grandes fêtes de l'année.

PAUL.

D'où viens-tu donc, ma bonne ? Quoi ! tu ne sais donc
pas...

Mde. ROSE.

Quoi donc, s'il vous plaît ?

PAUL.

AIR : *De la croisée.*

Les fêtes, dit-on, n'effraient plus
D'Hérode ni d'Astarté ;
Comme de bien d'autres abus
L'on vient d'en abolir l'usage.
L'homme pour adoucir ses maux,
Trouve en tout tems dieu secourable,
Et c'est à d'utiles travaux
  Qu'il se rend favorable.   *bis.*

Mde. ROSE.

Qu'est-ce que vous me contez-là ? juste ciel ! se peut-il...

AMELIE.

Ce n'est pas là le plus surprenant encore.

Mde. ROSE.

Comment, et que peut-il y avoir de plus fort que cela ?

AMELIE.

Même Air.

Il est un autre changement
  Qui te causera plus de peine,
C'est que sans nul ménagement,
  L'on vient d'alonger la semaine.

Mde. ROSE.

L'on vient d'alonger la semaine !

AMELIE.

Et tu trouveras bien hardi,
  Quand tu sauras qu'on en retranche,
Non pas mardi, ni mercredi,
  Mais justement dimanche.   *bis.*

Mde. ROSE.

Plus de fêtes, ni de dimanche ! et l'on ne dit rien à cela ?

PAUL.

Au contraire, on en paroît fort aise; il sembleroit en vérité que chacun y gagne.

Mde. ROSE *dans la plus grande surprise.*

Plus de dimanche, (*après un moment de réflexion.*) mais je vous dis, moi, que c'est impossible cela.

PAUL.

Mais de quel pays viens-tu donc, encore une fois, pour ignorer tout cela?

Mde. ROSE.

D'un pays bien différent de celui-ci... Ah! je crois être dans un nouveau monde.

AMÉLIE.

Et ce pays là s'appelle...

Mde. ROSE.

Notre-Dame de Liesse, mon enfant, où dès la mort de mon mari, (il y a bientôt quatorze ans,) j'avois promis de faire un saint pélerinage.

PAUL.

Et pour quel sujet?

Mde. ROSE.

Pour y prendre l'engagement formel de ne point contracter de nouveaux nœuds... (*soupirant.*) Ah!

PAUL.

Et tu ne fais que de l'accomplir! (*à part.*) C'est avoir pris tout le tems de la réflexion.

Mde. ROSE.

Ah! mes enfans, si vous aviez été comme moi témoin d'un grand miracle que j'ai vu.

AMÉLIE.

Quoi! ma bonne, tu as vu un miracle?

PAUL.

Je croyois qu'il ne s'en faisoit plus.

Mde. ROSE.

Il n'y a que des incrédules qui puissent dire cela. J'en ai vu un, moi qui vous parle, vu, entendez-vous; ainsi ce ne sont pas là des *on dit*.

Amélie

AMELIE.

Ma bonne, un miracle, c'est quelque chose qui n'est pas vrai, n'est-ce pas ?

Mde. ROSE.

Comment, pas vrai !

AMELIE *se reprenant.*

Non, non ; je veux dire pas possible.

Mde. ROSE.

Très possible, mon enfant, puisqu'enfin je vous dis que j'en ai vu un... il est vrai qu'en même tems vous devez comprendre que c'est une chose surnaturelle, et que l'on n'obtient que par une grace particulière.

AMELIE.

Non, je t'assure que je ne comprends pas cela.

PAUL *se met à rire.*

Mde. ROSE.

Il n'y a pas là de quoi ricanner, monsieur, rien n'est plus vrai.

AMELIE.

Ah, ciel ! un miracle ; cela doit faire une peur terrible.

Mde. ROSE.

Bien au contraire, vraiment, puisque c'est une preuve que les prieres sont exaucées.

PAUL *d'un ton moqueur.*

Bah ! quelles preuves peut-on avoir de cela ?

Mde. ROSE *avec impatience.*

Quelles preuves ? quelles preuves ? elles sont parlantes..

AIR *Du pere Barnabas.*

Avec un cœur fervent
L'on obtient ses demandes,
Pourvu que cependant
L'on fasse des offrandes ;
Aussi dessus les grilles
Sont quantité de cœurs,
Et l'on voit des béquilles
De toutes les grandeurs.

AMELIE.

Eh ! bien, mon frere, ce sont pourtant là des preuves ;

B

coi qui ne veux jamais croire aux miracles.

Mde. ROSE.

Ah ! vraiment, je m'attends bien à trouver M. votre pere incrédule sur tout ce que je vais lui conter. Mais j'ai de quoi le confondre aujourd'hui ; il m'est permis de parler à l'heure qu'il est... j'en ai été privée assez long-tems pour pouvoir un peu m'en dédommager...Ah! le ciel m'en saura gré, car cette pénitence m'a été bien dure à supporter.

PAUL.

De quelle pénitence veux-tu donc parler ?

Mde. ROSE.

AIR : *Daignez m'épargner le reste.* (des Visitandines.)

 Désirant l'absolution ,
 (C'étoit pour des fautes legeres)
 Je ne l'eus qu'à condition
 D'obéir à ses loix severes ;
 De reciter chaque matin
 Les pseaumes de la pénitence ,
 Et d'observer dans le chemin   *bis.*
 Le plus rigoureux silence.   *bis.*

PAUL.

Eh! bien, je ne croirai jamais que tu sois restée si long-tems que cela sans parler.

Mde. ROSE.

Vous ne le croirez jamais ? Ah! quelle incrédulité! C'est pour vous comme un miracle.

PAUL.

Et dont tu ne peux me donner de preuves.

Mde. ROSE.

Non ? Je m'étois bien promis de ne pas révéler cette bonne action , mais vous m'y forcez.

Même Air.

 Un certain soir me reposant ;
 Deux jeunes gens, pleins d'insolence ,
 Voulurent ; bien effrontement
 Me faire rompre mon silence ;
 J'étois toujours baissant les yeux,
 Et sans parler ; je vous proteste ;
 Ils furent bien audacieux ;   *bis.*

Ah ! bien;

Je ne fis pas un geste.

AMÉLIE.

Et ces vilaines gens-là ne t'ont-ils pas fait de mal.

Mde. ROSE.

Ah ! non, ma chère Amélie, non, cela n'a pas été jusques-là ; d'ailleurs mon parti étoit pris, et songeant à mon serment, j'en eusse souffert encore bien plus sans m'en plaindre. Mais voici votre maman.

SCENE III.
LA Cit. MIRVILLE, Mde. ROSE, PAUL, AMÉLIE.

La Cit. MIRVILLE.

Quoi ! déja prête et habillée, la bonne ; ah ! quelle diligence !

Mde. ROSE.

L'empressement de vous voir, madame, et ses chers enfans...

AMÉLIE.

Maman, si tu savois tout ce que ma bonne vient de nous conter de son pélerinage.

La Cit. MIRVILLE.

Tu t'es vraiment trop mise en dépense, citoyenne Rose ; et je suis fâchée que tu aies acheté tant de choses à mes enfans.

AMÉLIE avec joie.

Ah ! ma bonne, tu ne nous disois pas cela.

La Cit. MIRVILLE.

Tu trouveras un peu de changement dans leur éducation ; mon mari et moi avons résolu de laisser pour quelque tems les livres de religion.

Mde. ROSE.

Mais le missel romain, les oraisons de St. Ambroise, la vie des saints sont et seront toujours des livres utiles aux jeunes gens, et dont M. Paul peut orner sa bibliothèque.

PAUL.

Comment donc; mais certainement, la vie des Saints; surtout....Ah ma chere bonne, je ne puis trop te témoigner ma reconnoissance.

La Cit. MIRVILLE.

Justement, ce sont ces sortes de livres que je ne me soucie plus que mon fils lise dans ce moment.

Mde. ROSE.

Et par quelle raison, s'il vous plaît, madame?

La Cit. MIRVILLE

Air: Pauvre Jacques.

Former le cœur et cultiver l'esprit,
C'est-là l'emploi d'une maîtresse;
A bien comprendre tout ce qu'elle dit,
Il faut appliquer la jeunesse.   *bis.*
Les livres saints, remplis d'obscurités,
Troublent la raison de l'enfance,
En lui disant qu'il est des vérités
Au dessus de l'intelligence.

PAUL.

Entends-tu, ma bonne?

Mde. ROSE.

Oui, oui, j'entends, mais madame....

La Cit. MIRVILLE, *l'interrompant.*

Former le cœur et cultiver l'esprit,
C'est le but de toute maîtresse;
Mais si l'on trouve obscur tout ce qu'on lit,
Quel tems perdu pour la jeunesse !   *bis.*

Mde. ROSE.

Mais, avec votre permission, il est cependant certains articles de foi, sur lesquels....

La. Cit. MIRVILLE.

Tiens, laissons cela.... Si tu veux, tu seras témoin aujourd'hui de nos leçons.   AMÉLIE.

Maman, faut-il aller chercher mes cartes?

La Cit. MIRVILLE.

Oui, ma petite, vas. *Amélie va pour sortir.*

Mde ROSE, *arrêtant Amélie.*

Attendez donc, vous savez que j'ai la clef de l'armoire;

cherchant dans sa poche ; et j'y ai justement renfermé ce matin le royaume de France et les tableaux généalogiques !

AMÉLIE.

Tu peux garder tout cela, ma bonne ; je n'en ai plus besoin.

Mde. ROSE.

Mais un moment donc, un moment.... Quelle étourdie.

AMÉLIE.

Vaudeville de l'officier de fortune.

Depuis que de l'indépendance
Nous avons reçu des leçons,
Il n'est plus question en France,
De royaume ni de blasons ;
De l'ancienne politique,
A peine nous nous occupons ;
Connoître aimer la république ;
C'est là ce que nous apprenons. (*bis.*) *Elle sort.*

SCENE IV.
La Cit. MIRVILLE, Mde. ROSE, PAUL

Mde. ROSE

ET vous, monsieur, me direz-vous aussi que vous n'avez pas besoin de cette clef pour y prendre vos livres ?... Vous en étiez resté, autant que je puis m'en souvenir, au fameux démêlé de son Altesse sérénissime monseigneur le duc de Bourgogne, avec....

PAUL.

Ah ! bien cette histoire-là est à-présent avec la Vie des Saints.

La Cit. MIRVILLE.

Paul, ce n'est pas bien.

Mde. ROSE.

Depuis ce matin, M. Paul a un petit ton railleur....

La Cit. MIRVILLE.

Crois que je suis loin de l'approuver.

PAUL.

Tu sais bien, maman, que mon papa ne me fait plus

lire l'histoire de France.

La Cit. MIRVILLE.

Je le sais, mon ami; mais lorsque tu seras plus grand.., écoute :

AIR : *De la parole.*

Pour apprécier notre sort,
Et jouir du siecle où nous sommes,
Il faut bien s'appliquer dabord
A connoître et juger les hommes.
Du tems passé le souvenir
Est un guide pour la mémoire ;
Pour apprendre à bien réflechir,
Et pour lire dans l'avenir,
Ce qu'il faut savoir, (*bis.*) c'est l'histoire. *bis.*

Mde. ROSE, *d'un air de triomphe.*

Entendez-vous, M. Paul ?

La Cit. MIRVILLE.

Même Air.

Faute de cette instruction,
Combien d'hommes, par ignorance,
Dont aujourd'hui l'opinion
S'oppose au bonheur de la France,
De notre révolution
S'ils ne partagent pas la gloire,
Si même, loin de l'approuver,
Toujours ils veulent l'entraver,
C'est qu'ils n'ont pas lu (*bis.*) notre histoire *bis.*

Pendant ce couplet, Mde. Rose change de contenance, et Paul la fixe avec malignité.

PAUL.

J'écoute, maman, oh ! je t'écoute avec bien de l'attention.

La Cit. MIRVILLE.

Vas, mon ami, vas chercher tes livres.

PAUL.

Pardon, citoyenne Rose, ne m'en veux plus, je t'en prie, car...

Je te promets bien
Que je lirai bien
Notre histoire, (*bis.*) *Il sort gaiement.*

SCENE V.

La Cit. MIRVILLE, Mde. ROSE.

Mde. ROSE.

AIR : chantez, dansez.

Je vais cesser, je le vois bien,
Madame, de vous être utile.

La Cit. MIRVILLE.

Sans te voir obligée à rien,
Tu pourras vivre ici tranquille;
Tu seras, restant avec moi,
Tout aussi libre que chez toi.

Mde. ROSE.

Depuis plus de 15 ans que j'ai l'honneur d'être avec madame, elle n'a pu douter, je crois, de tout mon attachement.

La Cit. MIRVILLE.

Ne te sers donc plus de ces expressions-là, je t'en ai déjà prié bien des fois.

Mde. ROSE.

L'habitude, madame, l'habitude!.. non, pour m'accoutumer à tout ce qui se passe aujourd'hui... Cela m'est impossible.

La Cit. MIRVILLE.

Air : Sous le nom de l'amitié.

Reste par pure amitié.

Mde. ROSE.

Je suis reconnoissante,
Cette bonté touchante...

La Cit. MIRVILLE.

Te prouve mon amitié.

Mde. ROSE.

La mienne fut constante
Vous en avez pitié.

La Cit. MIRVILLE, *choquée de ce mot*.

Ne parlons (*ter.*) que d'amitié.

Ecoute, j'ai une autre proposition à te faire;

Mde. ROSE, *d'un ton touché*.

Dites, madame, dites.

La Cit. MIRVILLE.

C'est un établissement.

Mde. ROSE, *très-scandalisée.*

Un établissement ! un mariage sans doute ! Ah ! vous savez qu'il ne m'est plus permis d'y penser.

La Cit. MIRVILLE.

Oh ! n'est-ce que cela ?

Mde. ROSE.

Que cela !

Air : *Quoi, ma voisine, es-tu fâchée.*

Madame, une sainte promesse,
N'est pas un jeu ;
A Notre-Dame de Liesse
J'ai fait un vœu ;
Pourrois-je rompre, sans foiblesse,
Un tel lien,

La Cit. MIRVILLE.

Je crois qu'un vœu de cette espèce
N'oblige à rien.

Enfin, celui dont je te parle est un homme de ton âge, très-raisonnable, d'une conduite excellente, et avec lequel tu seras, j'en suis sûre, parfaitement heureuse.

Mde. ROSE.

Mais comment se pourroit-il ? permettez-moi de...

La Cit. MIRVILLE.

Tiens, le voilà ; tu en jugeras toi-même.

SCENE VI.

GERMANCE, La Cit. MIRVILLE, Mde. ROSE.

La Cit. MIRVILLE.

AURAI-JE, citoyen Germance, le livre que je desire ?

GERMANCE.

Je n'ai pu me le procurer ; il en est encore fort peu d'exemplaires... Mais j'en suis on ne peut pas plus content.

La Cit. MIRVILLE.

Oui ? Ah ! je meurs d'envie de l'avoir.   Ger-

GERMANCE.

Air : *Chacun avec moi l'avouera.*

J'ai parcouru quelques instans
Ce livre utile à notre histoire,
Qui contient les faits éclatants
De nos héros couverts de gloire.   bis.
Ces récits lorsqu'on les lira,
Chacun se me semble dira :
Ce livre aux vertus sert de temple,
Il faut avoir ce livre là ;
Rien n'instruit mieux (*ter.*) qu'un bon Exemple. bis.

Mde. ROSE, *à part.*

Cet homme-là paroît avoir de bien bons sentimens.

La Cit. MIRVILLE.

Sitôt que nous l'aurons, nous le lirons avec mes enfans.

GERMANCE.

Je me rappelle d'un trait...

Même Air.

Un soldat quitte ses foyers,
Laissant en pleurs tout son ménage;
Il va recueillir des lauriers.
Prix éclatant de son courage.   bis.
Blessé, présageant son trépas,
Sa femme vole dans ses bras,
Son fils affligé le contemple ;
Mais il lui dit : Ne pleure pas,
Adieu mon fils (*ter.*) suis mon exemple.   bis.

Mde. ROSE, *attendrie, à part.*

Il raconte cela d'une manière... Ah! cet homme a bien bon cœur.

La Cit. MIRVILLE *à Germance.*

Voci la personne en question..., arrivée hier soir d'un voyage...

GERMANCE.

Ah! je sais.... (*à la bonne en la saluant.*) citoyenne permets....

Mde. ROSE, *saluant aussi.*

Monsieur, je suis bien votre servante.

SCENE VII.

MIRVILLE, La Cit. MIRVILLE, GERMANCE, Mde. ROSE.

MIRVILLE.

Ah! je suis bien aise de vous trouver tous réunis (*à Germance*) Eh! bien, mon ami, as-tu fait ta déclaration?

La Cit. MIRVILLE.

Je vous laisse.   *Elle sort.*

Mde. ROSE.

Je vais aussi me retirer avec madame.

MIRVILLE. *Retenant Mde. Rose.*

Non pas, non pas, ma chere bonne; je t'en prie.

SCENE VIII.

MIRVILLE, GERMANCE, Mde. ROSE.

Mde. ROSE.

Il n'est pas nécessaire que je reste...

MIRVILLE.

Pourquoi donc?

Mde. ROSE.

Air : *Réveillez-vous.*

Vous avez peut-être à lui dire,
Ici quelqu'important secret.

MIRVILLE.

C'est plutôt moi qui me retire,
Dans la crainte d'être indiscret.

Mde. ROSE.

Monsieur, vous m'embrassez...

MIRVILLE *à Germance.*

Mais parles donc toi-même; car enfin, ce n'est pas moi qui veux me marier.

GERMANCE, *avec embarras, à Mde. Rose.*

Je serois charmé que ma société pût vous devenir agréable.

Mde. ROSE.

Ce seroit sûrement beaucoup d'honneur, monsieur; mais...

MIRVILLE.

Ah! que de cérémonies! de l'honneur, être agréable.

Mde. ROSE, *avec confusion.*

Monsieur...

GERMANCE.

Je t'avoue que je suis fort neuf à ce genre de déclaration, et que...

MIRVILLE.

Allons, allons, il ne faut pas tant de façons; tiens, je me charge de la proposition tu n'a qu'à répéter.

Air : *Du serein qui te fait envie.*

Je suis un vieux célibataire,
Des vains prestiges dégagé;
Dans mon état il falloit faire
Ce qu'exigeoit le préjugé.
Pour tenir rang dans sa patrie
D'hymen il faut subir la loi,
Je n'ai besoin que d'une amie;
Si tu le veux, ce sera toi.   *bis.*

Là! voilà qui est clair cela; il n'y a plus que la réponse à faire, (*à Mde. Rose.*) Tiens, si tu veux, pendant que je suis en train...

Mde. ROSE.

Un moment, s'il vous plaît.

MIRVILLE.

Non, non, je dis... tu n'as qu'à parler.

Mde. ROSE.

Vaudeville des Visitandines.

Mais je ne suis pas si pressée,
Laissez-moi donc me consulter.

MIRVILLE.

Te voilà bien embarrassée,
Tu finiras par accepter.   *bis.*

Mde. ROSE.

Mais pour une affaire pareille,
Il faut de la reflexion.

C 2

MIRVILLE.
N'es-tu pas veuve, et lui garçon,
Tiens, cela s'arrange à merveille. *bis.*

GERMANCE.
Je t'assure que tu gâtes mes affaires.

MIRVILLE.
Je n'ai plus qu'un mot à ajouter, ma chere bonne; c'est que si tu acceptes ce brave citoyen-là pour ton époux, je me charge des frais de la noce, et j'y joins un contrat de cinq cents pistoles pour la mariée. A présent, fais tes réflexions.

GERMANCE.
Mon cher Mirville, ah! que d'obligations...

MIRVILLE.
Mais, quoi donc, rien n'est plus simple.

Air: Que ne suis-je la fougère.

Au penchant de la nature
Par ce bienfait j'obéis;
C'est placer avec usure,
Que d'obliger ses amis.
Comme moi, bientôt en France,
Tout sage républicain
Partagera son aisance
Avec un bon citoyen.

Allons, viens, et laissons-lui le tems de réfléchir tout à son aise. *Ils sortent.*

Germance et Madame Rose se regardent après s'être saluées.

SCÈNE IX.

Mde. ROSE, *seule.*

Eh! bien, qui m'auroit dit que je me serois senti du goût pour cet homme-là... car enfin je ne le connois pas; au bout du compte, je ne sais qui il est... Il faut pourtant que ce soit quelqu'un bien comme il faut, car il tutoie Monsieur, et c'est une preuve cela... Mais me remarier, puis-je y penser ?... D'un autre côté, cette dot, le desir qu'en ont monsieur et madame.... et puis l'homme en question qui n'est pas à dédaigner.... ah! tout cela est bien embarrassant.

SCENE X.
La Cit. MIRVILLE, AMÉLIE, Mde. ROSE.

La Cit. MIRVILLE, *à Amélie.*

Je croyois ton frere avec toi.

AMÉLIE.

Il nous suivoit.... Oh! il ne tardera pas à venir.

La Cit. MIRVILLE *à Mde. Rose.*

Reste, reste, tu le peux....

Madame Rose se retire sans parler. La Cit. Mirville qui l'engageoit par geste à rester, demeure un moment surprise.

SCENE XI,
La Cit. MIRVILLE, AMÉLIE.

La Cit. MIRVILLE,

Allons, Amélie, prends tes cartes, et répète-moi ta géographie.

AMÉLIE.

De quel état parlerons-nous, maman?

La Cit. MIRVILLE.

D'abord de la division de l'Europe, ensuite de la France; c'est sur-tout son pays qu'il faut connoître le mieux.

Elles s'asseyent à une table.

AMÉLIE.

L'Europe est divisée....

La Cit. MIRVILLE *l'arrêtant.*

Un moment....

AIR : *C'est bien naturel, sans doute.*
    Avant d'expliquer la terre,
    Du ciel contemple la sphère,
    Et cherche bien dans ton cœur,
    Quel en est l'auteur.

AMÉLIE.

    A l'esprit quoi qu'il en coûte,
    Non, cette sublime voûte,
    Cet œuvre si solemnel,

N'est pas d'un mortel,   *bis.*
   Sans doute.

      La Cit. MIRVILLE,
         même air.

Prononce avec confiance.

        AMELIE.

Excuse mon ignorance.

      La Cit. MIRVILLE.

Parle sans t'embarrasser;
   Dis sans balancer.   *bis.*

        AEMLIE,

C'est que je suis si timide,
Avec crainte je décide,
Et si j'crois dans l'erreur?

      La Cit. MIRVILLE, *avec bonté.*

Vas, mon enfant, ne crains rien.
   Prends toujours son cœur   *bis.*
    Pour guide.

A présent revenons à la France.

        AMELIE.

La voilà.

      La Cit. MIRVILLE.

Dis-moi ce que tu en sais.

        AMELIE.

    AIR : *Je suis Lindor.*

La France étoit un état monarchique,
Chaque Province avoit un parlement,
Chacune avoit aussi son intendant,
Tenant du prince un pouvoir tyrannique.

      La Cit. MIRVILLE.

Fort bien, après.

        AMELIE.

Le peuple las de cette forme antique,
Qui de ses droits le priva bien long-tems,
A mis la France en bons départemens,
Qui bien unis forment la République.

      La Cit. MIRVILLE.

Ce n'est pas tout, poursuis.

        AMELIE.

Un moment, maman; tu permets que je te fasse des questions.

La Cit. MIRVILLE.
Vraiment, oui, ma fille ; et sur quoi?

AMÉLIE.
C'est que je voudrois savoir qui nous gouverne à présent ? qu'est-ce qui est le maître enfin ?

La Cit. MIRVILLE.
Je vais te l'expliquer.

AIR : *Avec les jeux dans le village.*
Le peuple sous l'ancien régime
N'ayant pas de représentans,
Se trouvoit la seule victime
De tous les abus renaissans.
Le sol qui produit la richesse
Se fertilisoit sous sa main ;
Honteux un jour de sa foiblesse,
Il se proclama souverain,   *bis.*

AMÉLIE.
Ah ! j'entends, maman, et je ne te ferai plus de pareilles questions ; mais voici mon frere.

SCENE XII.

MIRVILLE, sa femme, AMÉLIE, PAUL, *avec des livres.*

MIRVILLE.
Viens par ici, Paul, nous ne dérangerons pas ta sœur.
Il va à la table de leçon.

Eh bien, la leçon va-t-elle bien, et ma petite Amélie profite-t-elle ?

AMÉLIE.
Air : Du haut en bas.
Réponds, maman,
Dis si j'ai su te satisfaire.

MIRVILLE *à sa femme.*
Eh bien ! maman ?

La cit. MIRVILLE.
Tu peux embrasser ton enfant.

MIRVILLE *à sa fille après l'avoir embrassée.*
Vois ce qu'on gagne à bien faire.

On est bien aimé de son père.
AMELIE.
Et de maman.
MIRVILLE.
De quelle satisfaction je jouis, ma chere femme, depuis que je partage avec toi le soin et l'éducation de nos enfans. Il me semble qu'ils profitent mieux ; nous aiment davantage, et le tems se passe avec une rapidité que je ne puis concevoir.
La cit. MIRVILLE.
Je te le disois souvent, mon ami ; lorsque mille affaires, mille soins étrangers t'occupoient sans cesse hors de chez toi, tu ne savois pas ce que tu perdois de jouissances. Ah! tu dois beaucoup à notre révolution, qui t'a forcé de devenir heureux malgré toi, en remplissant le plus doux de tes devoirs.
MIRVILLE.
Tu as bien raison ; mais c'est qu'aussi

Air : *Des marseillois.*

    Quand sous un pouvoir arbitraire
    Le français vivoit avili,
    Aux préjugés son caractere
    Se trouvoit sans cesse asservi.   *bis.*
    C'est sous les lois des républiques
    Que l'homme, ayant sa dignité,
    Sait jouir de sa liberté,
    En reprenant les mœurs antiques.
  Encor quelques efforts, soutenons nos projets ;
  Bientôt, [*bis*] oui, nous verrons heureux tous les français.

Pendant le couplet, Amélie quitte la table et vient près de son pere, et tous quatre reprennent en chœur les deux derniers vers.

PAUL.
Tu n'es pas le seul plus heureux, mon papa ; crois que nous le sommes aussi bien d'avantage, depuis que nous avons le plaisir de te voir continuellement avec nous.
MIRVILLE, *embrassant Paul.*
Mon cher Paul !

Vaudeville

Vaudeville de l'amour filial.

Mes chers enfans, que d'agrémens
Me procure votre tendresse !
Entre mes bras, venez que je vous presse,
Mon cœur se livre aux plus doux sentimens.

LES ENFANS.

Notre jouissance est égale ;
Mon papa, serre tes enfans,
Et tu verras dans tous les tems
Notre piété filiale.   bis.

La Cit. MIRVILLE, *du côté opposé au tableau que forment ses enfans et son mari.*

En voyant ce tableau touchant,
Je goute la plus douce ivresse.

LES ENFANS.

Mon cher papa, nous faisons la promesse,
Par nos travaux de te rendre content.

MIRVILLE *et sa femme.*

Est-il un livre de morale
Comme le cœur de ses enfans ;
Le bonheur est dans les accens
De la piété filiale.   bis.

MIRVILLE.

Mes enfans, mes bons amis ; oui, je vous le promets, je ne vous quitterai plus ; ma femme c'est ton ouvrage... Mes enfans, payez ma dette, embrassez votre maman.

AMÉLIE.

Si tu savois, papa, quand tu nous quittois, comme maman étoit triste.

La Cit. MIRVILLE.

Moi ! ma fille.   AMÉLIE.

AIR : *On compteroit les diamans.*

Te souviens-tu d'un certain jour,
Où de nos leçons satisfaite,
Tu nous amusois tour à tour,
Sans vouloir paroître inquiète.
Je te regardai tendrement ;
Tu te retournas vers mon frere ;
Mais je t'entendis clairement
Dire : hélas ! où donc est leur pere ?   bis.

D

MIRVILLE.
Elle ne le dira plus, non, elle ne le dira plus.
PAUL.
C'est avec moi, que maman s'est bien donnée de la peine.
La Cit. MIRVILLE.
A présent, mon ami, tes occupations doivent être plus sérieuses, tes leçons plus avancées, et je ne serois pas, comme ton pere, en état de te les donner.
MIRVILLE.
Te seconder, ma femme, est tout ce que je veux faire, en retirer le même fruit que toi, leur amitié, c'est tout ce que je desire. (*à Paul*) Tu me l'accorderas, n'est-ce pas, mon ami?
PAUL.
AIR: *Vous m'ordonnez de la brûler.*

Maman qui sans cesse a pris soin
   De notre tendre enfance,
A fait naître en nous le besoin
   De la reconnaissance.
Ce devoir si simple pour nous,
   A l'égard de ma mere,
Va doublement me sembler doux,
   Le rendant à mon pere.

La cit. MIRVILLE.
Amélie, ton frere va commencer sa leçon, retirons-nous.

SCENE XIII.

Mde. ROSE, *et les précédens*.

AIR: *De Cadet Roussel.*

Je viens de me bien consulter.   bis.
MIRVILLE.
Eh bien! sur quoi dois-je compter?   bis.
Mde. ROSE.
Pour vous dire ce que je pense,
Je viens de voir M. Germance.
MIRVILLE.
Eh bien! enfin
Pourra-t-il obtenir ta main.

Mde. ROSE.
Même air:
C'est que c'est un bien grand parti. *bis.*

PAUL *à sa sœur.*
Ma bonne va prendre un mari. *bis.*

AMELIE.
Reviens-tu de cela, mon frere ?

MIRVILLE.
Germance ne peut te déplaire.

Mde. ROSE.
Il est très-bien ;
Ah ! contre lui je ne dis rien.
Ah ! bien au contraire... C'est un homme même qui paroit très-honnête, de plus c'est votre ami... enfin...

MIRVILLE.
Enfin, enfin, il faut te décider.

Vaudeville de Figaro.
Germance est un homme sage,
D'un esprit facile et doux ;
Tu seras dans ton ménage ;
Sans cesser d'être avec nous.

Mde. ROSE.
A ce dernier avantage,
Mon cœur se laisse gagner.
.... Il faut donc se résigner. *bis.*

MIRVILLE.
A la bonne heure, voilà ce qui s'appelle parler.

Mde. ROSE.
Oui, oui, monsieur, me voilà tout-à-fait décidée.

MIRVILLE.
Allons, je vais trouver mon ami Germance, et lui apprendre cette bonne nouvelle. Demain, Paul, nous penserons à nos leçons.

SCENE XIV.
La Cit. MIRVILLE, AMÉLIE, PAUL
Mde. ROSE.

Les enfans entourent Mde. Rose.

AMÉLIE.

Quoi! ma bonne, tu vas te marier.

Mde. ROSE *affectueusement.*

Pour ne pas me séparer de vous, Mlle. Amélie.

PAUL.

Mon étonnement est extrême.... non, ma bonne je n'en reviens pas.   Mde. ROSE.

Pourquoi donc? pourquoi donc?

PAUL.

Quoi! tu vas épouser M. le curé.

Mde. ROSE, *vivement.*

Heim! que dites-vous là s'il vous plaît?

PAUL.

Mon papa ne vient-il pas de dire que tu allois épouser Germance?   Mde. ROSE.

A la bonne heure, M. Germance, l'ami de votre papa, et un homme qui certainement paroît avoir les meilleurs principes...   PAUL, *riant.*

Mais justement, Germance; c'est le nouveau curé que nous avons ici depuis plus d'un mois. Ah! oui, il est dans les très-bons principes.

Mde. ROSE.

Madame, je vous prie de faire cesser les plaisanteries de M. Paul.

La Cit. MIRVILLE.

Mais il ne plaisante pas.

Mde. ROSE.

Comment! il seroit possible!

La Cit. MIRVILLE.

Mais certainement; je croyois que tu le savois.

Mde. ROSE, *faisant un cri.*

Moi, ah!

Air: *Ah! grand dieu.*

Ah! grand Dieu, que je l'échippe belle !
   Sur mes pieds tremblans.
Je sens tout mon corps qui chancelle.
Je le vois, ma méprise est cruelle :
   Mais à mes sermens
   De tenir, il est encor tems.

   La Cit. MIRVILLE.

Je croyois, la bonne, je te jure,
   Que tu savois bien
Son état...

   Mde. ROSE.

     Non, je vous assure.

   La Cit. MIRVILLE.

J'étois loin de cette conjecture,
   Quant à ce lien,
J'ai vu que tu n'opposois rien.

Mde. ROSE, *se jettant à génoux.*

Ah! mon dieu, pardonnez cette offense,
   Certes, j'en ferai
   Une éternelle pénitence.
Je vous rends tous vos présens d'avance,
   Car je ne serai
Jamais la femme d'un curé.

   AMÉLIE à Mde. ROSE,

Air: *On doit soixante mille francs.*
   Ma bonne, d'où vient ton effroi,
   Cet époux est digne de toi;
     Il est bon patriote.   *bis.*

   Mde. ROSE.

   Suffit ; il n'est point à mon gré,
   Car jamais je n'épouserai
     Un curé sans-culotte.   *bis.*

   La Cit. MIRVILLE.

C'est donc ton dernier mot ; absolument, tu ne veux plus de Germance.

   Mde. ROSE.

Fi donc, madame ! non, certainement.

   La Cit. MIRVILLE.

Amélie, prends tes cartes, et suis-moi,

SCENE XV.
Mde. ROSE, PAUL.

Mde. ROSE.

Ah, mon Dieu! mon Dieu!

PAUL.

Puisque tu veux bien te marier, pourquoi ne pas épouser Germance? Tous les prêtres se marient aujourd'hui.

Mde. ROSE.

Chacun fait comme il l'entend; mais, moi, je n'approuve point ces mariages-là.

PAUL.

C'est un bien aimable homme. Va, si tu le connoissois autant que nous, tu l'aimerois, j'en suis sûr.

Mde. ROSE.

AIR: Nous sommes précepteurs d'amour.

    Comme vous j'en pense du bien,
      Son mérite se fait connoître;
    Je ne puis lui reprocher rien
    Que d'être par malheur un prêtre.

PAUL.

Vaudeville d'Arlequin afficheur.

    Quoi! tu refuses pour cela,
    Cet homme honnête, doux et sage;
    Tout le monde ici te dira
    Qu'il a des vertus en partage.
    Quand chacun en fait tant de cas,
    Unis ton estime à la nôtre;
    Est-ce qu'un prêtre n'est donc pas
    Un homme comme un autre?

Mde. ROSE.

Ce n'est pas de cela dont il s'agit; vous êtes un enfant, qui ne connoissez pas la conséquence des choses.

PAUL.

Justement le voilà, et je vous laisse ensemble.

SCENE XVI.
Mde. ROSE, GERMANCE.

GERMANCE, à part.

D'APRÈS ce que m'a dit Mirville, je puis lui parler en toute assurance.

Mde. ROSE, voulant se retirer.

Adieu, monsieur.

GERMANCE, l'arrêtant.

Un moment.

Mde. ROSE.

AIR : *Jardinier ne vois-tu pas.*

Laissez-moi sans plus tarder,
Me retirer, de grace.

GERMANCE.

Dois-je donc t'intimider.

Mde. ROSE.

Pouvez-vous me regarder
En face, en face, en face.

GERMANCE.

Qu'est-ce à dire, et qu'ai-je fait ?

Mde. ROSE.

Pouvez-vous me le demander ? vouloir vous marier !

GERMANCE, riant.

Pourquoi pas ?

Mde. ROSE.

Ah ciel ! moi épouser un homme comme vous !

GERMANCE.

L'on m'avoit assuré de ton consentement.

Mde. ROSE.

Vraiment, c'est que je vous croyois libre de tout engagement. GERMANCE.

Je te jure que je n'en ai aucun.

Mde. ROSE.

Comment vous n'en avez aucun ? et votre qualité de prêtre, donc ? GERMANCE.

Si tu voulois m'écouter ?

Mde. ROSE.

Que voulez vous que j'écoute, et comment pourriez-vous vous justifier ?...

GERMANCE.

Si je te prouvois que je suis libre.

Mde. ROSE.

Je voudrois bien savoir comment vous vous y prendriez pour cela.

GERMANCE.

En te priant d'écouter un moment, un seul moment la raison.

Mde. ROSE.

Mais le célibat enfin, le célibat n'est-il pas le premier vœu de votre état.

GERMANCE.

Écoute...

AIR: *La vertu seule est la lumiere.* (de Nicodême.)

L'on a vu toujours le recraire
S'envelopper d'obscurités;
Et, pour mieux tromper le vulgaire,
S'imposer des austérités.
Dans un état comme le nôtre,
Tout enchaînoit la volonté;
De Dieu n'est-on pas à eux l'apôtre
En usant de la liberté.

Mde. ROSE.

Je suis très-étonnée, je vous l'avoue, de vous entendre tenir un tel langage. Mais je croyois, moi, qu'un homme de votre état qui se marioit, n'avoit plus ni foi, ni loi.

GERMANCE.

Voilà l'erreur où l'on cherche à vous entretenir ?... Reconnoître l'auteur de l'univers, l'adorer dans toute la nature, ne voir mon bien particulier que dans le bonheur de mes semblables; être toujours prêt à sacrifier mes jours à la défense de ma patrie ? voilà ma profession de foi: juges maintenant toi-même.

Mde. ROSE.

Mais, mais... c'est la façon de penser du plus honnête homme.... (*Par réflexion.*) Ah! ça, cependant tu conviendras que tout culte est renversé, la religion détruite, et tu ne peux....

Germance.

GERMANCE.

Dis seulement que se sont les erreurs ; la vérité reste, elle est inataquable.

Mde. ROSE.

Mais, en ce cas, vous nous avez donc tous bien trompés.

GERMANCE.

Comment cela ?

Mde. ROSE.

Mais en nous prêchant ce que vous ne croyez pas vous-même.

GERMANCE.

Beaucoup, peut-être, méritent ce reproche... mais moi...

AIR : *Pour vous, je vais me décider.*

Je fus toujours de bonne foi,
Sans approfondir ma croyance ;
Aujourd'hui la raison en moi
Vient éclairer mon ignorance ;
Mais plus je vois la vérité,
Plus j'honore, même sans temple,
L'homme qui de l'égalité
Nous prêcha le premier l'exemple.

Mde. ROSE, *très-émue.*

Je ne sais ce qui se passe en moi.

GERMANCE.

Eh bien ! me crois-tu toujours un monstre ?

Mde. ROSE.

Bien au contraire, bien au contraire. Ah ! j'étois loin de te croire de semblables opinions.

GERMANCE.

Vaudeville de la soirée orageuse.

Quand on règle ses passions
Suivant les loix de la nature,
On puise ses opinions
Dans une source toujours pure.
Point de bonheur particulier,
C'est la devise populaire ;
Voir les autres et s'oublier,
C'est ce qu'ici-bas l'on doit faire.

GERMANCE.

Accepteras-tu les offres de Merville ?

Mde. ROSE.

Même Air.

J'étois contre vos argumens,

Je vous l'avouerai, prévenue;
Mais à de si beaux sentimens
Comment donc ne pas être chère?
Vous avez, par un jour nouveau
De mes yeux chassé le nuage?
Puis-je regretter ce badinage,
Quand le bonheur m'en dédommage.

SCENE XVII.
MIRVILLE, Mde. ROSE, GERMANCE.

MIRVILLE.

En quoi! l'on venoit de me dire que vous étiez brouillés;
il me semble, au contraire, que vous êtes ensemble le
mieux du monde.

GERMANCE.

La citoyenne Rose avoit de bien fortes préventions
contre moi.

MIRVILLE.

Il t'a dû être aisé de les dissiper. Eh bien, ma chère bonne;
là, la main sur la conscience, tu ne le vois donc plus de
si mauvais œil. *Mde. Rose hésite.*

MIRVILLE, *continuant.*

Allons, là, un oui, bien prononcé.

Mde. ROSE.

AIR: C'est un enfant.

D'écouter ses vœux tout m'engage;
Mais je balance cependant.

MIRVILLE.

Quand c'est pour prendre un parti sage,
Doit-on balancer un moment.

GERMANCE, *à Mde. Rose.*

Tu lis dans mon ame;
Devenant ma femme,
Que pourrois-tu craindre à présent?

MIRVILLE, *haussant les épaules, dit à Germance.*

C'est un enfant.

SCÈNE XVIII et dernière.

MIRVILLE, sa femme, AMÉLIE, PAUL,
Mde. ROSE, GERMANCE.

MIRVILLE.

Eh! arrive donc, ma femme; nos affaires vont à présent le mieux du monde; c'est que tu t'y étois mal prise. Moi, j'ai terminé cela tout de suite; cela a été l'affaire d'un moment.

LA CIT. MIRVILLE.

Citoyenne Rose, j'en suis charmée; ainsi tu restes avec nous.

Mde. ROSE.

Oui... citoyenne.

AMÉLIE.

Embrasse-moi, ma bonne! Ah! que je suis bien aise que tu ne nous quittes pas.

PAUL, *l'embrassant aussi.*

Citoyenne Rose, reçois mon compliment et mes vœux bien sincères pour ton bonheur. Tiens, voici mon présent de nôces. *Il lui donne une cocarde qu'il place aussi-tôt sur son bonnet.*

La Cit. MIRVILLE, *à madame Rose qu'elle voit attendrie.*

Et tu voulois les quitter!

Mde. ROSE.

Oh! non, jamais.

MIRVILLE.

Et les scrupules?

Mde. ROSE.

Je n'en ai plus, non, je n'en ai plus; et je sens qu'il n'est point de préjugés que le langage simple de la raison ne puisse détruire.

MIRVILLE.

Allons, ma femme, occupons-nous tout de suite à faire dresser leur contrat de mariage, et que l'union de ce nouveau ménage avec le nôtre augmente encore le bonheur de notre intérieur. (*Il embrasse madame Rose.*)

VAUDEVILLE.

Mde. ROSE.
AIR : Du passage du monde.

J'Avois dans ma profession,
De côté laissé la raison ;
Germance a su par son langage
M'en faire retrouver l'usage.
Que de gens que nous connoissons
Auroient besoin de ses leçons ;
Car, sur notre machine ronde,
L'ignorance la plus profonde
Seule, fait le malheur du monde.

GERMANCE.
Rempli d'amour pour son prochain,
Qu'un homme trouve en son chemin
Quelqu'un ayant l'ignorance
D'assurer que c'est ce qu'il pense
Qui doit seul conduire au bonheur,
Et qu'hors de là tout n'est qu'erreur ;
Qu'alors simplement il réponde :
Sur la vérité je me fonde,
Seule, elle doit régler le monde.

La Cit. MIRVILLE.
Lassé de tout ce qui bruyant,
L'homme de préjugés exempt
Qui se retire en son me âge,
Voulant y vivre comme un sage,
De son bonheur est satisfait ;
Mais veut-il le rendre parfait ?
Que sur ses enfans il le fonde,
Que sa femme en tout le seconde,
Et qu'il n'aime qu'eux dans le monde.

MIRVILLE.
De la liberté les français
Chantons chaque jour les bienfaits ;
Cette déité tutélaire,
Puisqu'aux aux nôtres fait la guerre ;
Aucun ne lui résistera,
Et je prédis qu'on les verra,
Malgré les tyrans qu'elle fronde
Mettre par le bien qu'elle fonde,
En république tout le monde.

PAUL et AMÉLIE
De républicains sentimens
Nous sont donnés par nos parents ;
De la liberté, dans notre ame,
Leurs leçons allument la flamme,
Et de la douce égalité ;
Nous sentons la félicité ;
Notre bonheur ainsi se fonde,
Mais nous désirons à la ronde
Y voir applaudir tout le monde.

FIN.

De l'Imprimerie de FIÉVÉE, rue Serpente, N°. 17.

www.ingramcontent.com/pod-product-compliance
Lightning Source LLC
Chambersburg PA
CBHW060521050426
42451CB00009B/1098